Déjà parues dans la même collection:

"Les Fables Géométriques" où de drôles d'animaux

naissent de cubes, de cônes et de prismes...

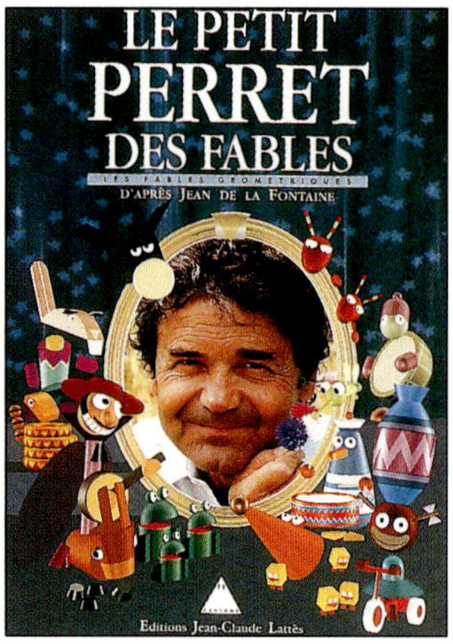

"Les fables du sieur Jean revisitées par Pierre Perret et relookées troisième dimension par Fantôme.
Moralité: à ne pas manquer !"
L'Express

"A la lecture et à l'écoute, ces nouvelles fables, c'est du solide.
L'alliance de Perret et de la vidéo conduit à un petit miracle."
Le quotidien de Paris

"D'amusants pastiches dans un argot délicieux, agrémentés de lexiques rigolos."
France- Soir

"Un humour débonnaire."
Le Figaro

"Explosif ! Les couleurs sont tendres, les pages éclatantes de santé,
les textes vigoureux, gaillards. diablement délirants."
Nice - Matin

" L'association de l'excentricité du cartoon et de la touchante mélancolie des marionnettes.
Perret, avec sa verve coutumière, s'est amusé à transformer les fables d'hier en pirouettes d'aujourd'hui.
Une friandise à laisser fondre lentement et à savourer."
Télé Poche

LE PETIT
PERRET
DES FABLES

Vous retrouverez l'argot de Pierre Perret dans le « Perret illustré par l'exemple»
et ses recettes de cuisine dans « Le Petit Perret Gourmand», parus aux Editions Jean-Claude Lattès.

Les illustrations et les textes du « Petit Perret des Fables» sont extraits de la série « Les Fables Géométriques»
co-produite par Fantôme, Canal +, FR3, RTBF, Club d'investissement Media
avec la participation du Programme Media 92 de la Commission des Communautés Européennes,
avec le concours du Centre National de la Cinématographie.

LE PETIT PERRET DES FABLES

LES FABLES **2** EN COULEURS

FANTOME

Editions Jean-Claude Lattès

La géométrie, que j'ai tenté de vous définir un chouïa dans le précédent «Petit Perret des Fables»[1], c'était de la chantilly à côté de la couleur. Comment vous l'expliquer ? La couleur, c'est la musique des yeux, le caviar de la rétine ! On apprend très vite, mouflet, lorsqu'on a fait une bêtise, que papa, vert de rage, va vous filer une fessée qui vous rendra les fesses rouges. On distinguera de même les grands calots bleus de maman, qui vous tendra un beau biberon de lolo blanc pour vous faire oublier vos idées noires. Sans couleur, qu'est - ce qu'on serait triste !

Sans arc-en-ciel, sans coccinelle rouge et noir, sans anémone mauve, sans rose rose, sans tulipe jaune, sans fuschia, sans hortensia bleu, sans cerise, sans piment rouge suspendu au mur blanc, sans écureuil roux et sans œillet de poète. Le pourpre et l'indigo confondus dans le soleil couchant sur les îles Tuamotu sont l'inoubliable mémoire de mes calots émerveillés. Ces sublimes couleurs sont entrées en moi à jamais, tout comme celles du papier à fleurs oranges de la chambre d'enfant dans laquelle je fis mes premiers rêves bleus.

Les couleurs s'apprennent en sachant regarder autour de soi. Celles du paon ou du faisan "roucoulent" plus à nos yeux que les couleurs du ciel ou de la mer qui nous semblent en bloc grises et

(1) *Le Petit Perret des Fables*
« Les Fables Géométriques»
Editions Jean-Claude Lattès

uniformes. Pourtant, si l'on observe bien, les flots, tout comme le ciel, recèlent des dégradés subtils de gris ou de bleus qui vont du marine au cobalt en passant par le vert amande et le turquoise. Les autobus sont généralement verts, les toitures des maisons, rouges, et nos chaussettes parfois écossaises.

Il faut apprendre à en sérier les couleurs car entre le jaune safran et le bouton d'or, il y a, tout comme pour les bleus, les rouges, les verts, les gris ou toute autre couleur, des dizaines de nuances intermédiaires qui ont fait le bonheur de Picasso en pleine époque bleue ou la folie de Van Gogh dans son champ de tournesols. Observez l'oiseau-mouche multicolore, le geai ou le rouge-gorge, le paon, les fleurs, l'arc-en-ciel ou ... les champignons. Vous verrez, c'est passionnant. Les champignons ? Vous croyez que je charrie ? Mais non. Apprenez à distinguer la pleurote aux tons ivoire du pied violet, le rosé des prés de la verte russule charbonnière et de la rouge-orangé amanite tue-mouche. D'abord, pour votre rétine, ce sera beau comme le carnaval de Venise. Ensuite, vous éviterez de vous empoisonner !

Bon, j'ai tout essayé pour vous convaincre de *regarder* les couleurs de la nature. Je sais que vous aurez du mal à me croire, mais c'est aussi important que d'avoir la télé couleur à la maison !

Pierre Perret

LE LOUP ET L'AGNEAU

Sur le vaste échiquier de not' mond' de misère
Un agnelet nature qui tétait l'onde claire
Se gourait pas un poil éclusant la lancequine
Qu'un loup l'cherchait partout
pour en faire un Tajine.

– Viens ici p'tit loubard, qui t'a filé l'condé
De tremper ton gros blair dans mon sirop d'ablette ?
– Mais sire, je savais pas, j'en ai sifflé qu'un dé
Ça n'est pas pour si peu que vous m'faites la courette ?
Le loup à toute bubure enjambe le cresson
Poursuivant l'innocent qui a plus un poil de sec.
Le loup certes est plus fort, mais en guise de leçon
On verra qu'un teigneux peut tomber sur un bec.

Finalement comm' chez nous, y a des moutons bêlants
Y a des faibles et des forts, y a des noirs et des blancs ...
Le roi, lui, il s'en tape, il est pas dans l'troupeau
Il compte en s'endormant ceux qui paient des impôts.

Moralité :
Tuer un p'tit agneau sans défense ? ... C'est bien laid ...
Mais c'est pas dégueulasse avec des flageolets !

LEXIQUE

Bec.
Bouche. Tenir son bec. Se taire.
Taper du bec : sentir mauvais de la bouche.
Clouer le bec : faire taire quelqu'un, avoir le dernier mot.
Tomber sur un bec : échouer, essuyer un refus.
Avoir affaire à plus fort ou plus malin que soi.
Exemple : Avec la mère Thatcher à la barre, les Argentins qui voulaient s'embourber les Malouines sont tombés sur un bec !

Condé (avoir le).
Permission. Autorisation.

Courette.
Poursuite.
Exemple : Calibre en pogne, les poulagas m'ont fait la courette jusqu'aux puces de Saint-Ouen où je me suis quéplan chez Zizou le Broc.

Ecluser.
Boire.
Exemple : Le drame pour Flavio le Polak, c'est qu'il pouvait écluser une betterave de perniflard avant d'être nasqué !

Gourer (se).
Se douter, soupçonner.
Se tromper, faire erreur.
Exemple : C'était la nuit, elle avait faim. Et elle s'était gourée de chemin ...

Lance.
Pluie. Eau.
Exemple : Germain cloquait jamais de lance dans son Ricard. Un croissant à la rigueur !

Lancequine.
Syn. de lance.

Loubard.
Jeune voyou d'aujourd'hui.
Exemple : Les loubards avaient pas insisté en voyant le clébard du pompiste leur morganer les moltegommes.

Le ■ c'est la couleur
des loups craignos qui ont
des idées ■, sous une
fourrure toute ■ avec
de grandes dents □
pour croquer les petits
agneaux □ .
Le ■ , lui, c'est le plus
salissant, et c'est pour ça
que les loups ■ veulent
piquer la laine □
des petits agneaux □
pour se tricoter des pulls
en jacquard ▒ .
Bien sûr !
□ , ■ , ▒
Pas vu, pas pris !

Dans cet album,
on en voit de toutes les couleurs.
Mais pour en savoir encore plus
sur toutes ces couleurs,
reportez-vous page 68.

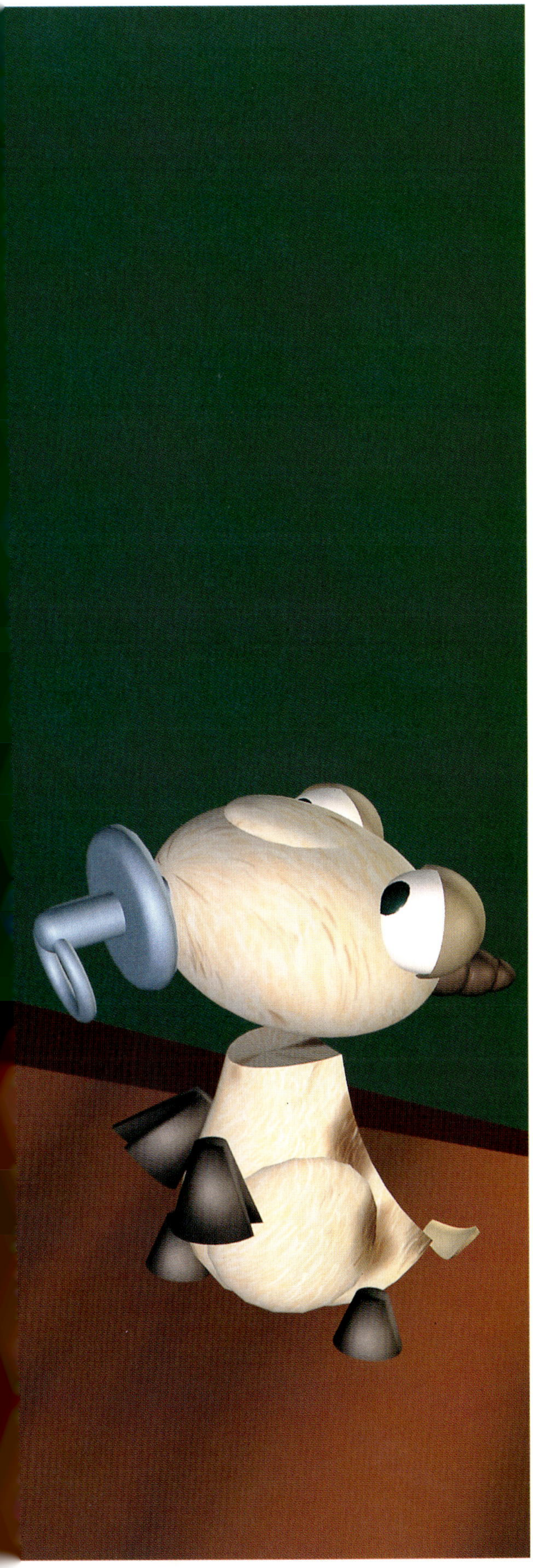

LE LOUP LA CHÈVRE ET LE CHEVREAU

Un' biquette et son p'tit salé
Vivaient dans un' crèche super.
Pour regonfler ses pauv' pelotes
De son blanc lolo maternel
Elle dit au mouflet : je déhotte
Remplir mes boîtes à camembert;

Mais fais gaffe n'ouvre pas au loup
Il adore les jolis biquets
S'il se point' c'est pas compliqué
Exige patt' blanche avant tout !
Le loup se dit mon p'tit mignon
Je vais te becqueter sans oignons !
Il s'approche de la casbah
Pendant qu'le cabri joue tout seul
Et cogne à la lourde fissa.
Sans arrêter de s' fend' la gueul'
Le chevreau dit : Qui c'est qu'est là ?
C'est moi, dit l'autre, c'est Gaston
Je viens vous livrer du charbon !
Mais le moujingue qui s' méfie
Lui écrabouille les salsifis.

Le loup fuit ce lieu diabolique
Pour s'ach'ter des antibiotiques
Et revient pour prend' sa revanche
Avec un' bell' paluche tout' blanche.
Mais le mouflet, qui est pas né d'hier,
Est pas ramolli d' la théièr'.
Le loup essaie l'coup d' la sonnett'
Mais s'en prend encor plein la têt'.
Forcément devenu pacifique
Il s'en fut brouter des colchiques.
Moralité :
La chèvre est une vraie menace …
Y a pas qu'au four qu'elle est coriace !

Chevreau sauté à l'huile d'olive avec une persillade à l'ail doux.

Pour 6 convives :
2,500 kg à 3 kg de chevreau découpé en morceaux
Le jus de 3 citrons
2 têtes d'ail
1 gros bouquet de persil simple
1 verre à moutarde d'huile d'olive
6 brins de thym
1 verre de montilla (ou de vin du Jura)
Sel, poivre au moulin

Préparation :

A l'aide d'un pinceau, passez les morceaux de chevreau au citron 1 heure avant.
Pelez l'ail et hachez-le grossièrement.
Badigeonnez ensuite à l'huile d'olive, à l'aide d'un pinceau, tous les morceaux de chevreau .
Salez et poivrez sur toutes les faces.
Dans une sauteuse ou une grande poêle, faites saisir les morceaux dans le restant d'huile d'olive en les retournant à la fourchette afin qu'ils aient partout une belle couleur, 10 à 15 minutes en tout.
Quand ils sont bien dorés, émiettez le thym et répandez l'ail dessus.
Baissez le feu et laissez cuire encore 8 à 10 minutes. Couvrez à moitié.
Redonnez trois tours de moulin à poivre et ôtez les morceaux de la poêle.
Placez-les dans un grand plat creux que vous aurez mis à chauffer au four.
Déglacez au pinceau le fond de la sauteuse avec le verre de montilla.
Répandez le jus sur les morceaux dans le plat.

Un toit ,
un balcon ,
des carreaux ,
voilà les couleurs
de la maison
du petit chevreau .
Le loup , lui, doit
montrer patte pour
qu'on lui ouvre la porte.
Le chevreau, qui est pas
débile, lui file des coups de
marteau qui lui font
des , et c'est pour ça
qu'il rit !
Du loup ou du chevreau à
votre avis , qui sera k.- o. ?

Dans cet album,
on en voit de toutes les couleurs.
Mais pour en savoir encore plus
sur toutes ces couleurs,
reportez-vous page 68.

BW.9009093

Le Chat et les deux Moineaux

Un greffier cassant
son œuf coque
Pour son p'tit dèje matinal
Eut comment dire
un certain choc
De voir un piaf
dans son casse-dalle.

Comme il avait encor trois ans
A se farcir dans sa cellotte
Le gros trouve plutôt marrant
Que césarin devienne son pote;

L'autre s'en déclare ravi
Et gazouille pour lui faire plaisir.
Mais le greffier tait son envie
Et ses boyaux poussent des soupirs.
Un jour, un deuxième moineau
Entifle à son tour dans la place
Et offre un super concerto.
Histoire de rompre un peu la glace
Les deux piafs veulent savoir alors

Lequel des deux chante le plus fort.
Raminagrobis énervé
Fatalement sortit de ses gonds
Et dans ses perchoirs acérés
Croque d'un coup le p'tit second.
Mais dit-il : c'est qu'c'est vach'ment bon
C'est délicieux même sans pain.
Et avant d'digérer l'second
Il becquete aussi son p'tit copain.

Moralité :
Si t'apprivoises un crocodile
File-lui des choux, des haricots,
Ça lui s'ra sûr'ment moins facile
De prend' tes mich's pour un gigot.

LE RENARD ET LES RAISINS

Un vieux goupil futé qui depuis une décade
Clapait des peaux d'zébi et des fourmis malades
Au-d'ssus de son tasseau renifla un zinzin
Qui avait tous les aspects
d'une belle grappe de raisin.

Voulant les harpigner du bout de ses ratiches
Il s'aperçut tout net que c'était pas du miel
Car chaque fois qu'il pointait ses naseaux vers le ciel
Il perdait l'équilibre et tombait sur ses miches.
Mais pour lui cisailler le moral à son âge
Fallait êtr' plus mariolle qu'une grappe de muscat.
Il se coltina donc un bel échafaudage
Et partit valdinguer ... et bonjour les dégâts !
Il essaya encore touchant du bout du blair

Et repartit à dame les quatre fers en l'air.
L'air débecté il dit, s'éloignant de la grappe,
«Je gagnerai le tour si j'ai paumé l'étape !»
Et toute honte bue le rouquin tournant l'dos
Dit : «Ils sont trop nazebroques,
c'est bon pour les blaireaux».
Moralité :
Pourquoi se faire tartir pour une grappe de raisin
C'est toujours plein d'sulfate et c'est farci d'pépins !

LEXIQUE

Blair.
Nez.
Exemple : Tous leurs trucs nucléaires,
Quand ça va nous péter dans le blair,
On n'entendra plus jamais Eroll Garner ...

Dame (aller à).
Tomber. S'évanouir.
Exemple : Quand le toubib lui a mis sous les calots la ratiche qu'il venait de lui sucrer, Firmin est parti à dame.

Débecter.
Dégoûter.
Exemple : Le jour où je me suis cloquée avec cette crêpe, j'aurais mieux fait de me péter une guitare ... Sa tronche est aussi blèche que son costard. Ce que ce mec peut me débecter !

Naze.
Nez.
En mauvais état, abîmé, usé, pourri.
Exemple : Les trois mille gaziers, qui entravaient que dalle à la jactance du député, commençaient à faire du schproum : "Espèce de truffe, lui lança un métallo, tu vois pas que ton micro est naze ! ..."

Nazebroque. Syn. de naze.

Ratiche.
Dent.
Exemple : Après dix piges de centrouse à becqueter plus de cailloux que de pois cassés, Fifi le charcutier avait plus une ratiche dans le clapoir.

Tartir (faire ou se faire).
Ennuyer ou s'ennuyer.
Exemple : Au bout d'une plombe de sermon, le radis noir, qui avait pas la menteuse dans la fouille de sa soutane, commençait à faire tartir l'assistance.

Tasseau.
Nez.
Exemple : Après l'enterrement, tous les potes s'étaient retrouvés chez Mémaine où ils s'étaient piqué le tasseau au chablis en parlant de ce pauvre Armand. C'était son picrate préféré.

Zébi (peau de).
Exemple : Après avoir retroussé des fifrelins toute sa vie en vendant ses polars, Gonzague, qui avait depuis toujours carburé au Dom Pérignon, s'était retrouvé à soixante-cinq piges avec peau de balle et peau de zébi !

Le renard s'est déguisé
en clown avec un nez ,
il a piqué la voiture
des pompiers... !
Sous le chapiteau
et , il est monté
tout en haut de
l'échelle pour
attraper les raisins ...
qui en réalité, sont .
C'est comme
les raisins , en fait ils
sont . Vous pigez ?
Alors, comme
les raisins étaient
trop il n'en a pas
voulu. Et comme
il était de colère, il
est devenu de rage !
Bonjour le cirque !

Dans cet album,
on en voit de toutes les couleurs.
Mais pour en savoir encore plus
sur toutes ces couleurs,
reportez-vous page 68.

LE VIEUX CHAT ET LA JEUNE SOURIS

Un greffier ronflottait sur sa chaise à porteurs
Dodu, lascif, peinard, conscient de son bonheur,
Quand une souris survint sortant de sa cabine

Histoire de s'aérer un p'tit coup les tétines.
Sur le chemin d' la plage le matou l'aperçoit
Et s'apprête à lui faire le coup du père François.
Il en fera un pâté ou plutôt une quiche
Et à fond les manettes, il lui cavale aux miches.
Emportés par l'élan et les baskets qui fument
Soudain ils freinent sec, un clébard a surgi,
Qui bien qu'un peu gâteux, un peu perdant ses plumes,
Se lance à fond la caisse aux trousses du mistigri.

La souris épargnée se dit en fin de compte :
Qu'il aille se faire becqueter par l'autre face de raie !
Il est bien évident quand le récit s'estompe
Que chacun court après son petit intérêt.
Moralité :
On court, on court, c'est vrai, après l'argent, l'amour
La jeunesse, on s'obstine à poursuivre du vent.
Mais après mille tours on s'aperçoit un jour
Que nos fesses jamais ne passeront devant.

L E X I Q U E

Becter ou becqueter.
Manger.
Exemple : Les flics nous gênaient pas, groupés autour d'un poêle. Dans un commissariat y bectaient des p'tits fours.

Césarin.
Lui.
Exemple : Avec césarin comme président de la République, je me gourais bien que la grâce, je pouvais faire une croix dessus.

Clébard ou clebs.
Chien.
Exemple : Le clebs du moujingue, qui était un sacré marlou, avait commencé par ronfler à la cuisine, puis sur le canapé du salon, puis finalement dans le pageot du môme, ravi ...

Coup du Père François.
Agression par derrière d'une victime seule.

Entifler.
Entrer, pénétrer.
Exemple : Loulou venait d'entifler en loucedé pétoire en pogne par la lourde de service de la poste, pendant que Riton gueulait déjà au guichet : "Les pattes en l'air ! Le chargeur est plein, y'en aura pour tout le monde !"

Greffier.
Chat.
Exemple : Quand il montait sur un boulot, si Dédé la Scoumoune rencontrait un greffier noir, il était incapable d'aller plus loin tellement il avait les flubes !

Miches.
Fesses.

Miches à zéro ou qui font bravo (avoir les).
Avoir peur.
Exemple : Mes lardons, que j'avais amenés au cinoche voir "La nuit des morts vivants", regardaient leurs pompes pendant les scènes d'épouvante tellement ils avaient les miches à zéro !

Miches de serin (avoir des).
Avoir de petites fesses.

Voici le décor : un ciel tout
, au dessus d'une mer
toute et des cabines
de bain et
ça fait un chouette camaïeu,
non ? Une souris ,
qui courait dans l'herbe ...
Qu'est-ce que je raconte
moi ?
Une souris hyper bronzée
dans son bikini
va avoir affaire à un vieux
matou grognon
habillé d'un costard .
Mais l'animal rumine des
idées .
Alors en avant la poursuite
infernale.

Dans cet album,
on en voit de toutes les couleurs.
Mais pour en savoir encore plus
sur toutes ces couleurs,
reportez-vous page 68.

LE HÉRON

Un jour sur ses fumerons
Longs comme un jour sans pain
Un héron au long bac emmanché d'un colbec
Heu ... au long bec emmanché d'un colbac

Pêchait sur son barlu
de maousses poiscailles.
Ne voulant s'embourber
que des prises de taille
De tous ceux qu'il biglait
il voulait toujours plus.

Il virait les têtards, délaissait les minus
Du raffiot méprisant il reluquait la baille.
Quoi ce ne sont que tanches ?
N'aurais-je que ce fretin
Pour me beurrer les hanches ?
Une carpe peut-être ?
Non, cette vieille mule
A beaucoup trop d'arêtes
Pour mes p'tites mandibules.

Est-ce pour un goujon ou une ablette plate
Que j'irais moi, héron, me désosser la rate ?
Matant ce défilé de pescal trop bléchard
Il dit : ça c'est que dalle,
j'attendrai un mastard.
Cependant qu'césarin
se montait l'bourrichon,
En guise de brochet,
il arrachait qu'des grolles.

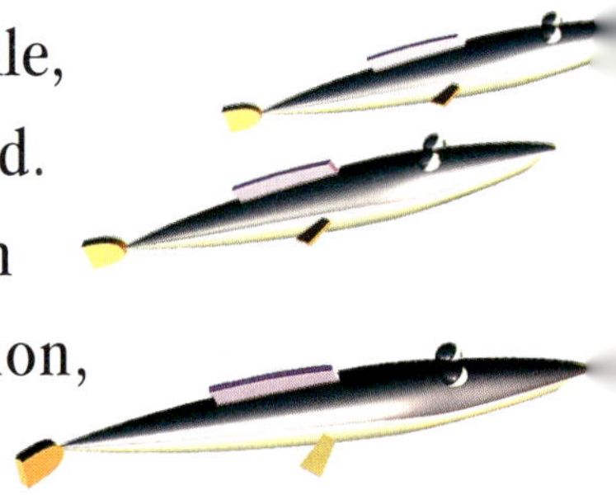

Et même du quarante-quatre
avec des cornichons
Ça vous fout le gésier comme
une lampe à pétrole.
Finalement, à défaut de ram'ner Moby Dick,
Il sortit un minable escargot rachitique.

Moralité :

Si la jolie rouquine
Aux gros nibards vient pas
Prends toujours sa frangine
Avec ses oeufs au plat.

LEXIQUE

Barlu.
Bateau.
Exemple : Le barlu quittait une fois par mois le nord de la Colombie pour Cuba qui traitait la schnouff avant de la convoyer vers Miami dans des boîtes de sauce tomate à double fond.

Bigler.
Regarder.

Blèche.
Laid. On dit aussi : bléchard.
Exemple : José le Berluron crapahutait toute la journanche avec sa "deuch" pour fourguer dans les H.L.M. des lots de tissus fanés plus bléchards les uns que les autres.

Bourrichon (se monter le).
Se nourrir d'illusions.
Exemple : Nestor s'était monté le bourrichon à propos de Mémène qu'il voyait déjà sapée bourgeoise avec plein de gniards autour. C'était mal connaître la coquine qui l'avait valisé au bout de quinze jours.

Colbac.
Cou.
Exemple : Dédé a serré le colbac du bourre jusqu'à ce qu'il crache le blase de l'indic.

Embourber (s').
Posséder. Obtenir.

Fumerons.
Pieds.
Exemple : Le planton du ministère, qui avait imprudemment pris le départ du cross du Figaro, avait atterri le soir à l'hosto avec les fumerons comme des clafoutis aux cerises !

Maouss.
Fort. Gros.
Exemple : Le petit Lucas, qui avait pas les copeaux, dit au gros tas de viande : "Sors dehors si t'es un homme !" L'autre, tout maouss qu'il était, s'est détranché comme s'il avait rien esgourdé.

Nibards.
Seins.

Poiscaille.
Poisson.
Exemple : Pour l'ouverture de la pêche, nos gros requins de la politique, qui choisissent souvent ce jour-là pour se faire élire, ont les flubes que, le moulana aidant, les amateurs de poiscaille préfèrent aller taquiner legardon.

Têtard.
Enfant

Le héron, emmanché d'un long bec , attend patiemment dans les herbes de gauler des poissons qui nagent dans l'onde la plus pure ...
Il est joliment fringué de son costard de pêche à rayures et
(à moins que ce ne soit et).
Perché sur ses longues tiges , il en jètte un max ...
même quand il chope des grolles ... hi hi hi !
Alors, beau héron, ça mord ?

Dans cet album,
on en voit de toutes les couleurs.
Mais pour en savoir encore plus
sur toutes ces couleurs,
reportez-vous page 68.

Le Crabe et sa Fille

Dans un aquarium à Pékin
Au restaurant des Trois Lotus
On dansait du soir au matin
Quand les tauliers couchaient leurs puces.
Un' crabette aux superbes cuisses
Qui tricotait bien des guiboles

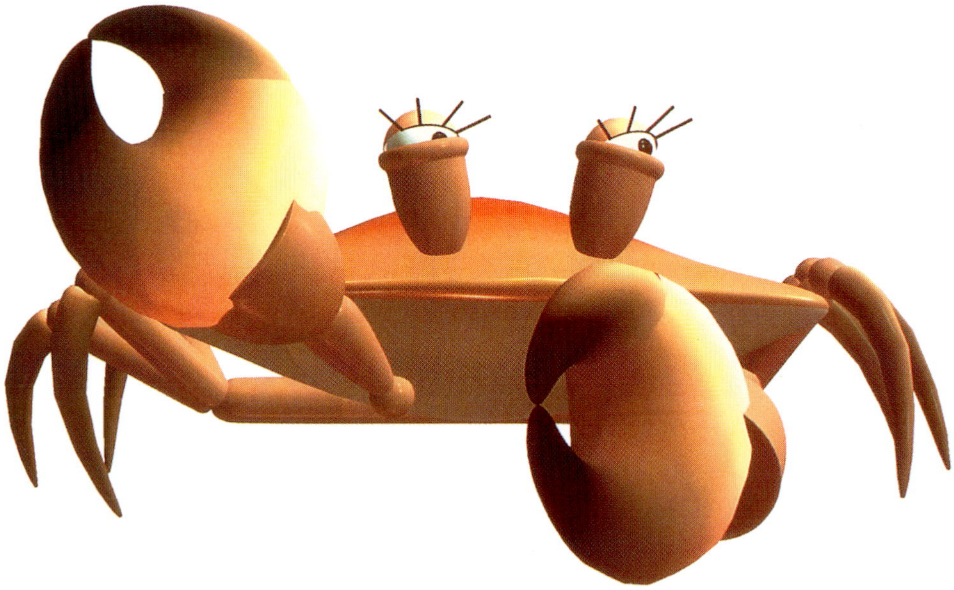

S'étonna qu'son vieux lui bonnisse:
- Mais pourquoi qu'tu t'en vas d'traviole ?
... Et il lui tangote un' gambillette
Mais qui va d'Colmar à Quimper.
Pas convaincue, la p'tite crabette
Se gratte un chouïa la caf'tière.
Le vieux, croyant sa manièr' bonne.
Dit : - Mate un peu c'qu'y faut qu'tu fasses.
Et il attaque un Charleston
Qui fout le barouf dans la strasse.
Les loupiotes s'allument soudain,
Les homards bien sûr font les sourds,
Le mérou dit : - J'y suis pour rien.
Le vieux crabe reprend son cours:

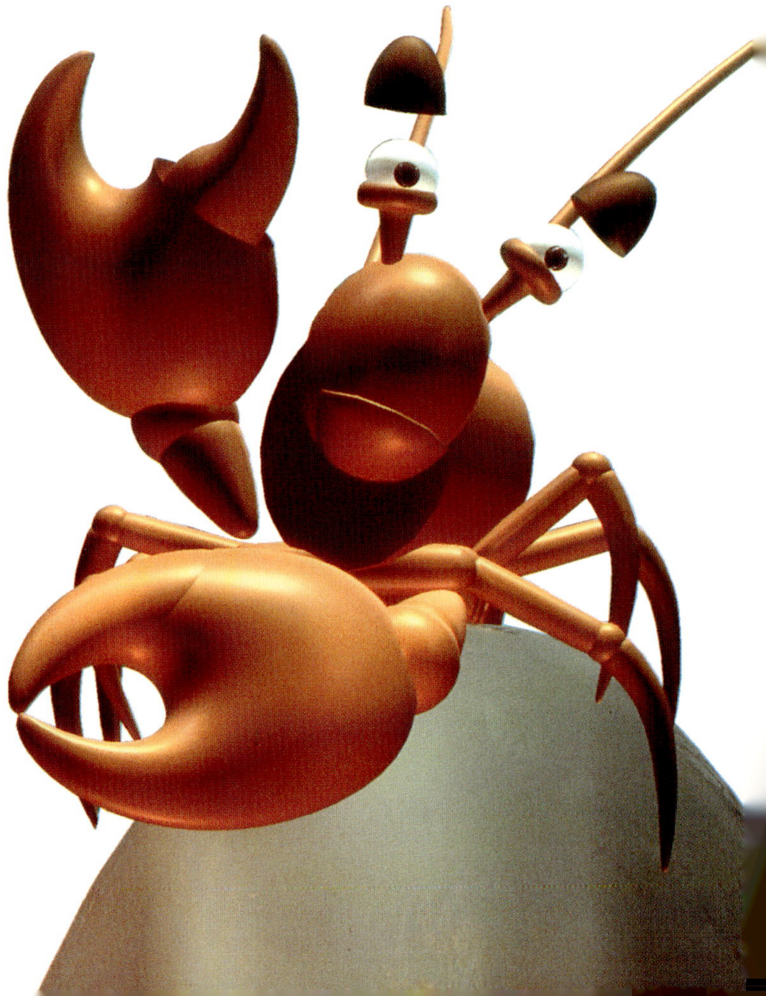

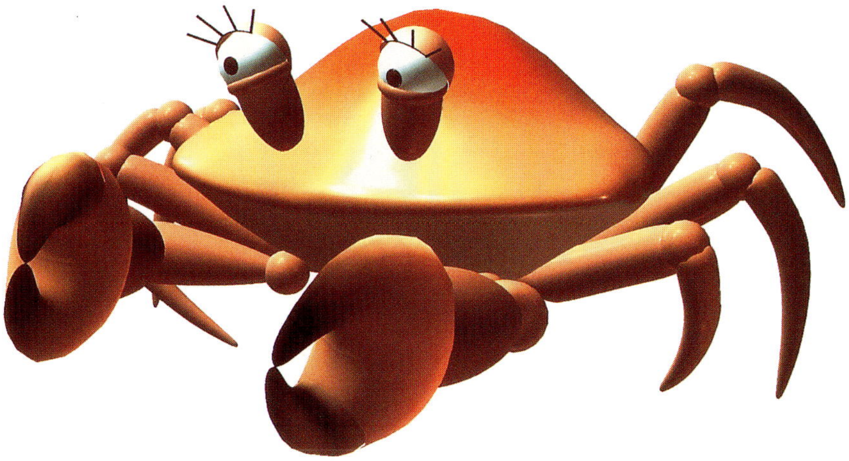

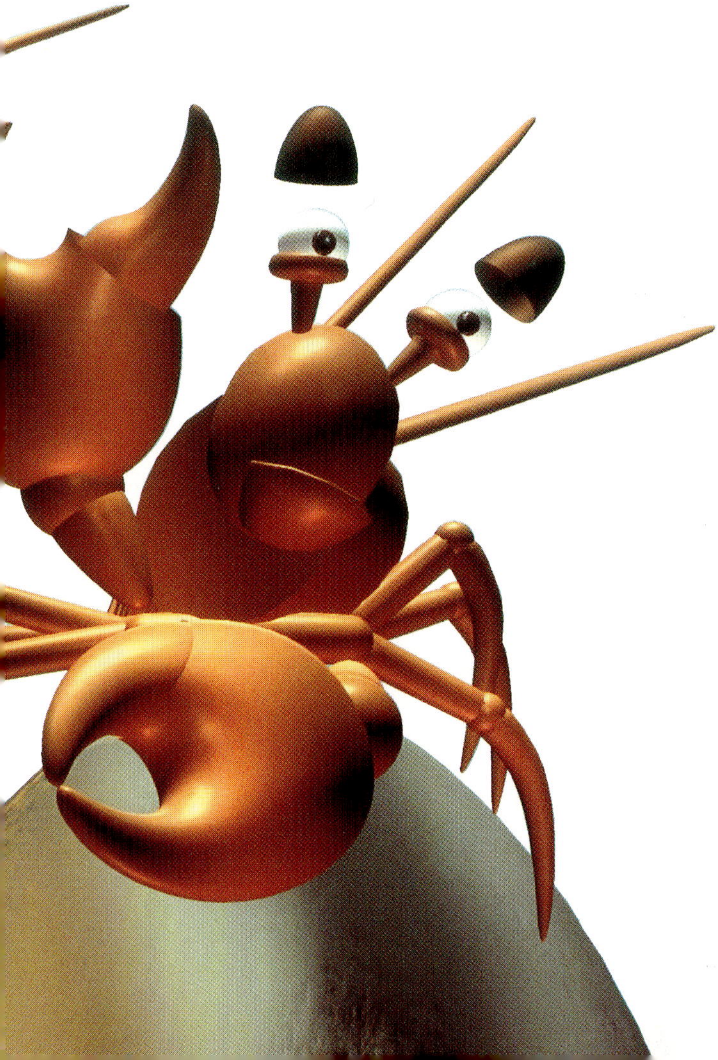

- Tu vois tu n'as qu'à fair' comm' moi,
Laiss' toi guider par tes gambettes
- D'accord, mais toi aussi papa
Tu te mélanges les pincettes.
A nouveau le vieux caracole
Convaincu qu'il dans' comm' Béjart
Et il admet pas furibard
Qu'on prétend' qu'il guinch' de traviole !

Moralité :
Si ton vieux ne trouv' pas ta bouche
Quand il approche la cuillère,
Ne lui fait pas r'marquer qu'y louche
Et t'auras deux fois du dessert !

LEXIQUE

Barouf (faire du).
Mener grand bruit.
Syn. de faire du foin.
Exemple : Chaque fois qu'il était en manque c'était recta, Jo la Piquouse faisait du barouf !

Bonnir.
Dire. Parler (vient de boniment).
Exemple : Suzette disait souvent en matant Gaston : "J'en connais qui feraient bien de tourner sept fois leur menteuse dans le clapoir avant de l'ouvrir pour bonnir une connerie ! ..."

Cafetière.
Tête.
Exemple : A force de me faire du mouron
J'ai les yeux bordés de jambon
Et sur la cafetière je perds tout mon cresson.

Furibard.
Furieux.
Exemples : Le Président, qui pendant son discours, avait morflé des trognons de choux-fleurs sur la poire, était parti furibard !
Quand le penalty a été refusé à Saint-Etienne, dix mille spectateurs furibards se sont levés en hurlant sur l'air des lampions : Aux chiottes, l'arbitre !".

Gambille.
Jambe.
Danse. Bal.
Exemple : Les caves les plus bourrés, fringués Smalto et roulant Mercedes, venaient s'encanailler à la gambille du samedi soir.

Guibolles.
Jambes.
Guibolles en saucisses de Strasbourg (avoir les).
Avoir les jambes molles.

Loupiotte.
Petite fille. Féminin de loupiot, plus connu.
Lampe, ampoule électrique.
Exemple : Quand j'étais mouflet et que la sirène d'alerte de l'usine annonçait l'arrivée des zincs rosbifs, y' avait intérêt à éteindre les loupiottes si on voulait pas déguster comme tant d'autres un souvenir des Alliés !

Strasse.
Chambre, maison.
Exemple : Le cave, tiré à quatre épingles, avait sûrement jamais entiflé dans une strasse pareille ! "Pouvez-vous m'indiquer la salle de bains ?" dit-il très vieille France à Ginette. "La voilà, la salle de bains, mon pote", dit-elle en se marrant et en lui désignant le lavabo écaillé !

Aujourd'hui, le crabe
a enfilé son maillot de bain
, sa gapette , et
ses six chaussettes ,
pour guincher sur
le sable .
Pour lui éviter des engelures,
sa maman lui a dit de mettre
ses moufles et .
Histoire de pas se geler les
pinces, quoi !
Et voilà un joli crabe
dans l'eau ,
se dit le poiscaille ,
et .
... Vas-y ma fille,
En avant la gambille !

Dans cet album,
on en voit de toutes les couleurs.
Mais pour en savoir encore plus
sur toutes ces couleurs,
reportez-vous page 68.

LES DEUX CHÈVRES

Une brouteuse un peu tête de lard
Qui avait un p'tit creux dans l'bidon
Voulait briffer des épinards
De l'autre côté d'un p'tit pont.

Une deuxième escaladeuse
Radinant du bord opposé
L'air tout aussi enquiquineuse
Se mit dans l'chou de traverser.
Pif à pif les deux têtes de mule
Veulent pas bouger un seul peton ...
La première dit : - Circule Ursule
Sinon j'te gicle en bas du pont ! ...
De la place y en avait pas lerche
Pour une sans doute mais pas deux;
La deuxième s'assoit sur son derche
Et dit : - Va donc t'faire cuire deux oeufs.
L'autre alors se fout en renaud

Et en voulant chabler dans l'tas
Perd l'équilibre, et peu s'en faut,
Que la teigneuse décarre en bas.
Mais en bas le loup est venu
Qui se pourlèche les babouines;
Un deuxième aussi lorgne au d'ssus
Et chauffe le four de sa cuisine.
On devine que des deux apôtres
Nul ne cédera sa place à l'autre ...

Moralité :
J'dis qu'à force de céder sa place
La vie devient bien dégueulasse.

LEXIQUE

Babouines.
Lèvres.
Exemple : Chez Yvon le Lorientais, on s'en était foutu plein les babouines avec ses moules au muscadet !

Briffer.
Manger.
Exemple : Les mecs qui ont briffé à la centrouse de Melun ont tous rêvé de faire un casse chez Fauchon !

Chabler.
Frapper avec violence.
Exemple : Le Rosbif avait du raisin plein la poire. Riri Crampon en avait profité pour chabler méchamment dans la mêlée !

Décarrer.
Sortir, partir.
Exemple : Avant de décarrer de son palais, le Président se cloquait une moumoute sur le chou et des charmeuses qui le chanstiquaient complètement. Il était plutôt duraille à retapisser.

Derche.
Cul. Fesses.

Derche (faux).
Hypocrite.
Exemple : Tous les faux derches qui défilent à la téloche sont prêts à promettre du "Margaux" dans les robicots pour qu'on aille voter pour eux !

Radiner (se).
Arriver. Venir.
Exemple : A son premier rambour, quand il a vu la minette se radiner, le jeunot en croyait pas ses œillets.

Renaud (se mettre ou être en).
Se mettre en colère, protester, bougonner.
Exemple : De voir simplement ses lardons passer à table à midi une, foutait le colonel en renaud !

Les chèvres ça broute
de toutes les couleurs.
Mais ce qu'elles préfèrent,
c'est le .
Elles se régalent d'herbe
et tendre tout en gambadant
dans les pâturages
des montagnes
(et).
Elles s'en vont trottiner sur
les troncs d'arbres
pour aller déguster dans un
pré , qui leur semble
bien meilleur ! au risque de
tomber et de servir de
casse-croûte au loup !
Et alors adieu la verdure,
bonjour les gigots !

Dans cet album,
on en voit de toutes les couleurs.
Mais pour en savoir encore plus
sur toutes ces couleurs,
reportez-vous page 68.

LES DEUX COQS

Deux coqs vivaient peinards
Sur leur meule en virée ils faisaient les flambards
Roulant des mécanoches ils partaient en java
L'un s'prenant pour Tarzan l'aut' pour Casanova.
S'arrêtant pour briffer et se payer une toile
Ils voient se radiner une sorte d'étoile

Qui a tout c'qu'il faut où il faut
Bref le gabarit d'poupée qui en fout plein les carreaux.
Cett' frangine bousculée, plus laubée qu'une Harley,
Ils vont pas la laisser aller cailler son lait;
Chacun la veut pour soi la splendide poulette,
Devraient-ils même pour ça se chicorner la crête.
Sur leurs machines d'acier l'enfer déjà résonne
Les gladiateurs vont-ils s'éclater la sorbonne ?
Ça vrombit et ça fume, parfois l'engin se cabre

Comme pour retarder l'échéance macabre.
Sentant que la moutarde leur est montée au pif
Ils s'élancent dix fois pour déclencher le rif;
Sur son monstre d'acier chacun ploie les arêtes
Pour être le premier à bluffer la minette.
Soudain, à fond la caisse, l'un des héros se gaffe
Que sa tasse à café est tombée en carafe.
L'autre alors en profite et poussant l'avantage
Arrive bon premier sur son biclou sauvage

Il clame alors victoire
à tous les horizons
Hurlant de quoi
se faire péter le corgnolon
Quand un aigle superbe
qui passait dans le coinceteau
Rêvant d'un coq au vin
lui tomba su' l'paletot.
Le perdant a gagné,
il bricole ses manettes
Et en deux coups les gros,
emballe la minette.

Moralité :
Si tu veux qu'une gonzesse
te prenne pour Don Juan
Radine avec une rolls
et tu gagneras du temps.

LEXIQUE

Arêtes (les)
Le dos.
Les côtes.
Exemple : T'as vu le costard qu'il avait sur les arêtes !

Biclou.
Bicyclette.
Exemple : Le temps d'acheter un paquet de clopes, on m'avait engourdi mon biclou.

Cailler la laitance (se).
Se faire du souci.

Carreaux.
Yeux.
Lunettes.
Exemple : "Passe-moi mes carreaux, les lettres sont trop petites !" disait Riri le Bigleux à sa bergère tout en ligotant son bouquin.

Chicorer (se) ou chicorner (se).
Se disputer avec quelqu'un. Se battre.
Exemple : Billie la Teigneuse se chicorait avec tout le monde à partir du troisième pastaga !

Flambard (faire le).
Se vanter. Se pavaner bouffi d'orgueil.
Exemple : Quand sa bobonne a rallégé en lui balançant deux va t' laver en pleine tronche devant ses potes, la Semoule faisait plus le flambard ...

Gaffer (se).
Se méfier.
Exemple : On se gaffait de la bignole qui avait les calots partout et la menteuse infatigable !

Manettes.
Pédales de vélo.
Exemple : Irénée appuyait à fond les manettes pour aller retrouver Laura qui créchait à dix bornes de là. C'est que la belote de son cocu leur laissait pas lerche de temps pour fignoler ...

Oreilles.
Exemple : C'est plutôt chiant de jacter avec Jérémie. Tous les trois mots il vous fait répéter en disant : "Hein ? Hein ?" A croire qu'il a les manettes calaminées !

Rif.
Feu.
Exemple : Les Corsicos féroces avaient foutu le rif à la taule du Maltais qui refusait de casquer !

Sorbonne.
Tête.
En avoir dans la sorbonne : faire preuve d'intelligence.
Exemple : Rien qu'à l'entendre jacter, on se gourait bien que ce mec en avait dans la sorbonne !

Sur un beau fond de ciel
, dans le désert ,
on trouve un fast-food aux
couleurs pastels et aux
néons , beurk !
Deux blousons serrés
dans leur jean's sur
leurs bécanes argentées
ont repéré
une petite poule
dans son tee-shirt .
Les deux coqs vont se
chicorner la crête
pour enlever l'oie .
Alors bonjour la frime.
Et ... salut la gamine !

Dans cet album,
on en voit de toutes les couleurs.
Mais pour en savoir encore plus
sur toutes ces couleurs,
reportez-vous page 68.

Le Paon

Un paon plus beau qu'un arc-en-ciel
Au plumage allumé de mille feux subtils
Plus laubé qu'un gracieux papillon du Brésil
Se savait admiré et dégustait du miel.
Pour son malheur pourtant en l'esgourdant jacter

On eut cru qu'il avait morgané un frelon
Ou pire un jour funeste où il avait chanté
Une arête coincée au fond du corgnolon.
Ça lui bottait pas lerche au plumeau ambulant
Non content d'être beau il exigeait hélas!
Qu'on le jugeât aussi hyper intelligent
Et surtout il voulait chanter comme la Callas.

C'est beaucoup pour un seul faudrait pas trop pousser.
Einstein qui avait du chou avait le poil bien terne
Et la belle Astartée elle avait l'cerveau en berne
Napoléon chantait comme un fer à repasser...

Il fit des vocalises hurlant tel un dadais
Ses profs avaient l'moral dans le fond des chaussettes
Le rossignol moqueur chanta comme un baudet
Enfin bref il finit par leur prendre la tête.

Moralité :
Vous voulez être riches, beaux et tout savoir ?
C'est pas nul, mais les mecs ... préparez vos mouchoirs !

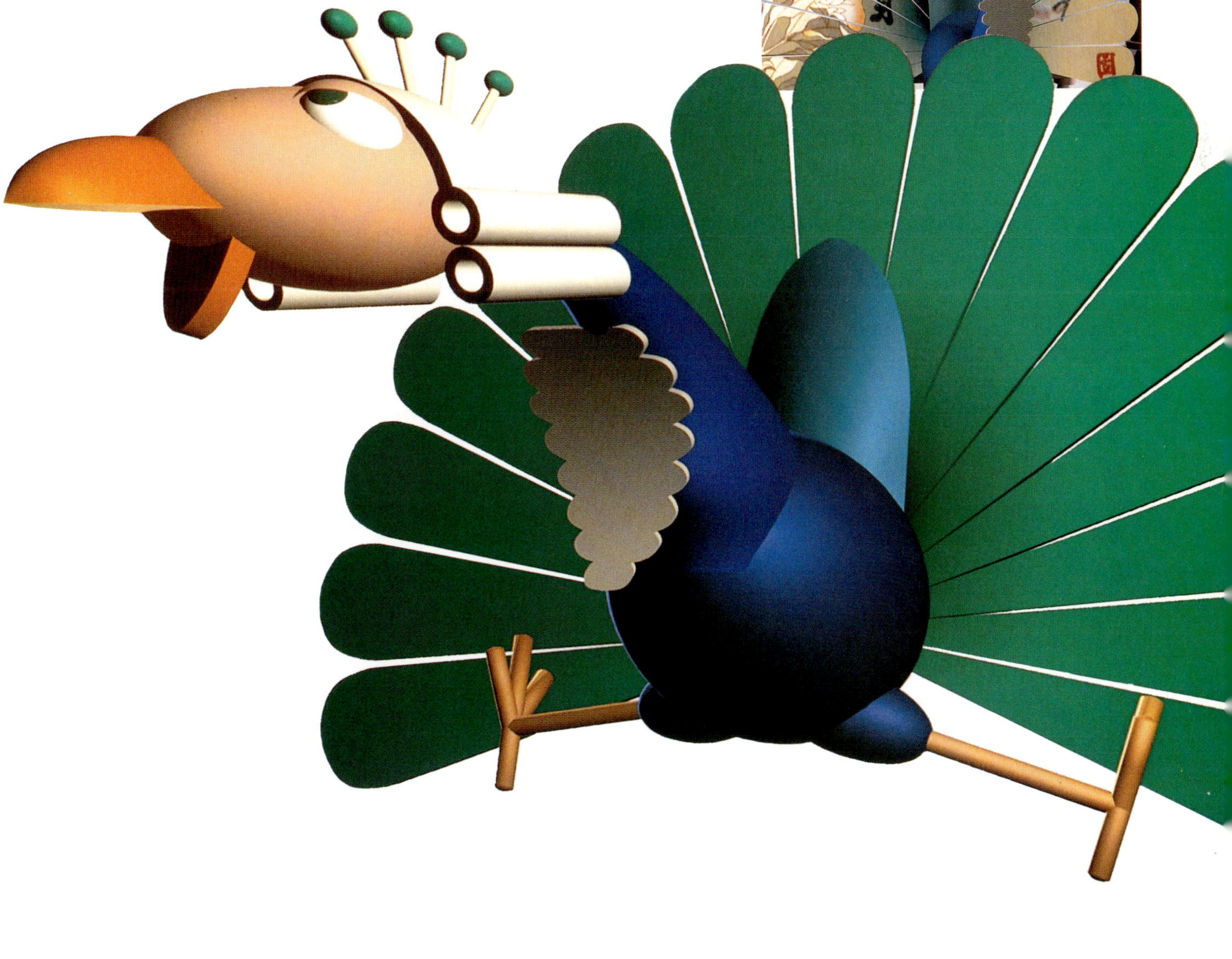

L E X I Q U E

Chou.

Cerveau, intelligence.
Exemple : Bertie la Mouche, qui avait du chou, avait si bien gambergé le plan de la B.N.C.I. qu'on est entré dans la salle des coffiots comme un cure-dent dans un bol de gélatine.

Corgnolon.

Cou.
Exemple : Raoul, qui s'était fait tatouer sur le corgnolon : "à découper selon le pointillé" mettait un col roulé quand il sortait dans le grand monde.

Corgnolon (tirer sur le).

Faire des efforts vocaux. Tirer abusivement sur ses cordes vocales.
Exemple : Tous les soirs en sortant de Bobino, il avait tellement tiré sur le corgnolon qu'il avait la menteuse en berne et les cannes en fromage blanc.

Jacter.

Parler, bavarder.
Exemple : C'est quand y z'ont commencé à lui écraser les francforts que ce pauvre César s'est mis à jacter !
Je lui file une toise,
Quand elle jacte de traviole.

Laubé.

Beau, attirant.
Exemple : Au bout de la quarante-cinquième journanche, Fonfonse était pas laubé en sortant du mitard !

Lerche (pas).

Y'en a pas lerche : pas beaucoup.
Exemple : Sur trois semaines de vacances en Normandie, on avait pas eu lerche de bourguignon !

Morganer.

Manger.
Exemple : Arrêter le tabac, c'était bien beau, mais depuis, César arrêtait plus de morganer du matin au soir. A croire qu'il avait le ver solitaire.

Un paon au plumage ,
en filait plein la vue en
étalant ses plumes de toutes
les couleurs. Du
à l' , avec un poil de
,en passant par le ,
le , l' et le ,
il avait tout d'un arc-en-ciel.
Sur une chaise et
, le rossignol ,
dans son gilet , lui
apprenait à chanter les
notes et les .
Mais le paon, de
honte, chantait comme une
poulie de bateau !
Esgourdons le choeur
des casseroles !

Dans cet album,
on en voit de toutes les couleurs.
Mais pour en savoir encore plus
sur toutes ces couleurs,
reportez-vous page 68.

EN SON TEMPS JEAN DE LA FONTAINE ÉCRIVAIT AINSI

LE LOUP ET L'AGNEAU.

La raison du plus fort est toujours la meilleure,
Nous l'allons montrer tout à l'heure.
Un agneau se désaltéroit
Dans le courant d'une onde pure.
Un Loup survint à jeun qui cherchoit aventure,
Et que la faim en ces lieux attiroit.
- Qui te rend si hardi de troubler mon breuvage ?
Dit cet animal plein de rage :
Tu seras châtié de ta témérité.
- Sire, répond l'Agneau, que votre Majesté
Ne se mette pas en colère ;
Mais plûtot qu'elle considère
Que je me vas désaltérant
Dans le courant
Plus de vingt pas au-dessous d'Elle,
Et que par conséquent en aucune façon
Je ne puis troubler sa boisson.
- Tu la troubles, reprit cette bête cruelle,
Et je sais que de moi tu médis l'an passé.
- Comment l'aurois-je fait, si je n'estois pas né ?
Reprit l'Agneau, je tète encor ma mère.
- Si ce n'est toi, c'est donc ton frère.
- Je n'en ai point. - C'est donc quelqu'un des tiens
Car vous ne m'épargnez guère,
Vous, vos bergers et vos chiens.
On me l'a dit : il faut que je me venge.
Là-dessus au fond des forêts
Le Loup l'emporte, et puis le mange
Sans autre forme de procès.

LE LOUP, LA CHÈVRE ET LE CHEVREAU.

La Bique allant remplir sa traînante mammelle
Et paître l'herbe nouvelle,
Ferma sa porte au loquet,
Non sans dire à son Biquet :
- Gardez-vous sur votre vie
D'ouvrir, que l'on ne vous die
Pour enseigne et mot du guet,
Foin du Loup et de sa race !
Comme elle disoit ces mots,
Le Loup de fortune passe.
Il les recueille à propos,
Et les garde en sa mémoire.
La Bique, comme on peut croire,
N'avoit pas vu le glouton.
Dès qu'il la voit partie, il contrefait son ton ;
Et d'une voix papelarde
Il demande qu'on ouvre, en disant Foin du Loup,
Et croyant entrer tout d'un coup.
Le Biquet soupçonneux par la fente regarde.
- Montrez-moi patte blanche, ou je n'ouvrirai point,
S'écria-t-il d'abord (patte blanche est un point
Chez les Loups, comme on sait, rarement en usage).
Celui-ci, fort surpris d'entendre ce langage,
Comme il estoit venu s'en retourna chez soi.
Où seroit le Biquet s'il eu ajouté foi
Au mot du guet, que de fortune
Notre Loup avoit entendu ?
Deux sûretés valent mieux qu'une ;
Et le trop en cela ne fut jamais perdu.
Le Loup me remet en mémoire
Un de ses compagnons qui fut encore mieux pris.
Il y périt : voici l'histoire.
Un villageois avoit à l'écart son logis.
Messer Loup attendoit chape-chute à la porte.
Il avoit vu sortir gibier de toute sorte :
Veaux de lait, Agneaux et Brebis,
Régiments de Dindons, enfin bonne Provende.
Le larron commençoit pourtant à s'ennuyer.
Il entend un enfant crier.
La mère aussitôt le gourmande,
Le menace, s'il ne se tait,
De le donner au Loup. L'Animal se tient prêt,
Remerciant les Dieux d'une telle aventure,
Quand la mère appaisant sa chère géniture,
Lui dit : Ne criez point ; s'il vient, nous le tuerons.
- Qu'est ceci? s'écria le mangeur de Moutons.
Dire d'un, puis d'un autre ? Est-ce ainsi que l'on traite
Les gens faits comme moi ? Me prend-on pour un sot ?
Que quelque jour ce beau marmot
Vienne au bois cueillir la noisette !
Comme il disoit ces mots, on sort de la maison.
Un chien de cour l'arrête. Epieux et fourches fieres
L'ajustent de toutes manières.
Que veniez-vous chercher en ce lieu ? lui dit-on.
Aussitôt il conta l'affaire.
Merci de moi, lui dit la Mère,
Tu mangeras mon fils ? L'ai-je fait à dessein
Qu'il assouvisse un jour ta faim ?
On assomma la pauvre bête.
Un manant lui coupa le pied droit et la tête ;
Le Seigneur du Village à sa porte les mit,
Et ce dicton Picard à l'entour fut écrit :
Biaux chires leups, n'écoutez mie
Mère tenchent chen fieux qui crie.

LE CHAT ET LES DEUX MOINEAUX.

Un chat contemporain d'un fort jeune Moineau
Fut logé près de lui dès l'âge du berceau ;
La Cage et le Panier avoient mêmes Pénates.
Le Chat étoit souvent agacé par l'Oiseau :
L'un s'escrimoit du bec, l'autre jouoit des pattes.
Ce dernier toutefois épargnoit son ami.
Ne le corrigeant qu'à demi
Il se fût fait un grand scrupule
D'armer de pointes sa férule.
Le Passereau moins circonspect,
Lui donnoit force coups de bec.
En sage et discrète personne,
Maître Chat excusoit ces jeux :
Entre amis il ne faut jamais qu'on s'abandonne
Aux traits d'un courroux sérieux.
Comme ils se connoissoient tous deux dès leur bas âge,
Une longue habitude en paix les maintenoit ;
Jamais en vrai combat le jeu ne se tournoit ;
Quand un Moineau du voisinage
S'en vint les visiter, et se fit compagnon
Du pétulant Pierrot et du sage Raton.
Entre les deux Oiseaux il arriva querelle ;
Et Raton de prendre parti.
- Cet inconnu, dit-il, nous la vient donner belle
D'insulter ainsi nôtre ami !
Le Moineau du voisin viendra manger le nôtre ?
Non, de par tous les Chats. Entrant lors au combat,
Il croque l'étranger. - Vraiment, dit maître Chat,
Les Moineaux ont un goût exquis et délicat.
Cette réflexion fit aussi croquer l'autre.
Quelle Morale puis-je inférer de ce fait ?
Sans cela toute Fable est un œuvre imparfait.
J'en crois voir quelques traits ; mais leur ombre m'abuse.
Prince, vous les aurez incontinent trouvés :
Ce sont des jeux pour vous, et non point pour ma Muse.

LE RENARD ET LES RAISINS.

Certain Renard Gascon, d'autres disent Normand,
Mourant presque de faim, vit au haut d'une treille
Des raisins mûrs apparemment
Et couverts d'une peau vermeille;
Le galand en eût fait volontiers un repas ;
Mais, comme il n'y pouvoit atteindre :
Ils sont trop verts, dit-il, et bons pour des goujats.
Fit-il pas mieux que de se plaindre ?

Le Vieux Chat et la Jeune Souris.

Une jeune Souris de peu d'expérience
Crut fléchir un vieux Chat, implorant sa clémence,
Et payant de raisons le Raminagrobis :
- Laissez-moi vivre : une Souris
De ma taille et de ma dépense
Est-elle à charge en ce logis ?
Affamerois-je, à votre avis,
L'Hôte et l'Hôtesse, et tout leur monde ?
D'un grain de blé je me nourris ;
Une noix me rend toute ronde.
A présent je suis maigre ; attendez quelques temps ;
Réservez ce repas à messieurs vos Enfans.
Ainsi parloit au Chat la Souris attrapée.
L'autre lui dit : - Tu t'es trompée.
Est-ce à moi que l'on tient de semblables discours ?
Tu gagnerois autant de parler à des sourds.
Chat et vieux, pardonner ? Cela n'arrive guère.
Selon ces lois descends là-bas,
Meurs, et va-t'en tout de ce pas
Haranguer les sœurs Filandières.
Mes Enfants trouveront assez d'autres repas.
Il tint parole ; et, pour ma Fable,
Voici le sens moral qui peut y convenir :
La jeunesse se flatte, et croit tout obtenir ;
La vieillesse est impitoyable.

Le Héron.

Un jour sur ses longs pieds alloit je ne sais où
Le Héron au long bec emmanché d'un long cou.
Il côtoyoit une rivière.
L'onde éutoit transparente ainsi qu'aux plus beaux jours ;
Ma commère la carpe y faisoit mille tours
Avec le brochet son compère.
Le Héron en eût fait aisément son profit :
Tous approchoient du bord, l'oiseau n'avoit qu'à prendre ;
Mais il crût mieux faire d'attendre
Qu'il eût un peu plus d'appétit.
Il vivoit de régime, et mangeoit à ses heures.
Aprés quelques moments l'appétit vint ; l'oiseau
S'approchant du bord vit sur l'eau
Des Tanches qui sortoient du fond de ces demeures.
Le mets ne lui plut pas ; il s'attendoit à mieux,
Et montroit un goût dédaigneux,
Comme le rat du bon Horace.
Moi, des Tanches ? dit-il, moi, Héron, que je fasse
Une si pauvre chère ? Et pour qui me prend-on ?
La Tanche rebutée, il trouva du goujon.
Du goujon ? c'est bien-là le dîner d'un Héron !
J'ouvrirois pour si peu le bec ! Aux Dieux ne plaise !
Il l'ouvrit pour bien moins : tout alla de façon
Qu'il ne vit plus aucun poisson.
La faim le prit ; il fut tout heureux et tout aise
De rencontrer un Limaçon.
Ne soyons pas si difficiles :
Les plus accommodants, ce sont les plus habiles ;
On hasarde de perdre en voulant trop gagner.
Gardez-vous de rien dédaigner,
Surtout quand vous avez à peu près votre compte.
Bien des gens y sont pris ; ce n'est pas aux Hérons
Que je parle ; écoutez, humains, un autre conte :
Vous verrez que chez vous j'ai puisé ces leçons.
Certaine fille un peu trop fière
Prétendoit trouver un mari
Jeune, bien-fait, et beau, d'agréable manière,
Point froid et point jaloux : notez ces deux points-ci.
Cette fille vouloit aussi
Qu'il eut du bien, de la naissance,
De l'esprit, enfin tout ; mais qui peut tout avoir ?
Le destin se montra soigneux de la pourvoir :
Il vint des partis d'importance.
La belle les trouva trop chétifs de moitié.
Quoi moi? quoi ces gens-là ? L'on radote, je pense.
A moi les proposer ! Hélas ils font pitié.
Voyez un peu la belle espèce !
L'un n'avoit en l'esprit nulle délicatesse ;
L'autre avoit le nez fait de cette façon-là ;
C'étoit ceci, c'étoit cela,
C'étoit tout : car les précieuses
Font dessus tout les dédaigneuses.
Après les bons partis les médiocres gens
Vinrent se mettre sur les rangs.
Elle de se moquer. Ah vraiment, je suis bonne
De leur ouvrir la porte : ils pensent que je suis
Fort en peine de ma personne.
Grâce à Dieu, je passe les nuits
Sans chagrin, quoi qu'en solitude.

Le Crabe et sa Fille.

Les Sages quelquefois, ainsi que l'Ecrevisse,
Marchent à reculons, tournent le dos au port.
C'est l'art des Matelots ; c'est aussi l'artifice
De ceux qui, pour couvrir quelque puissant effort,
Envisagent un point directement contraire,
Et font vers ce lieu-là courir leur adversaire.
Mon sujet est petit, cet accessoire est grand.
Je pourrois l'appliquer à certain Conquérant
Qui tout seul déconcerte une Ligue à cent têtes.
Ce qu'il n'entreprend pas, et ce qu'il entreprend,
N'est d'abord qu'un secret, puis devient des conquêtes.
En vain l'on a les yeux sur ce qu'il veut cacher ;
Ce sont arrêts du sort qu'on ne peut empêcher.
Le torrent, à la fin, devient insurmontable.
Cent Dieux sont impuissants contre un seul Jupiter.
Louis et le destin me semblent de concert
Entraîner l'Univers. Venons à notre Fable.
Mère Ecrevisse un jour à sa Fille disoit :
Comme tu vas, bon Dieu ! ne peux-tu marcher droit ?
- Et comme vous allez vous-même ! dit la Fille.
Puis-je autrement marcher que ne fait ma famille ?
Veut-on que j'aille droit quand on y va tortu ?
Elle avoit raison ; la vertu
De tout exemple domestique
Est universelle, et s'applique
En bien, en mal, en tout ; fait des sages, des sots :
Beaucoup plus de ceux-ci. Quant à tourner le dos
A son but, j'y reviens ; la méthode en est bonne,
sur tout au métier de Bellone ;
Mais il faut le faire à propos.

Les Deux Chèvres

Dès que les Chèvres ont brouté,
Certain esprit de liberté
Leur fait chercher fortune ; elles vont en voyage
Vers les endroits du pâturage
Les moins frequentés des humains.
Là s'il est quelque lieu sans route et sans chemin,
Un rocher, quelque mont pendant en précipices,
C'est où ces Dames vont promener leurs caprices ;
Rien ne peut arrêter cet animal grimpant.
Deux chèvres donc s'émancipant,
Toutes deux ayant patte blanche,
Quitèrent les bas prés, chacune de sa part.
L'une vers l'autre alloit pour quelque bon hasard.
Un ruisseau se rencontre, et pour pont une planche :
Deux belettes à peine auroient passé de front
Sur ce pont ;
D'ailleurs l'onde rapide et le ruisseau profond
Devoient faire trembler de peur ces Amazones.
Malgré tant de dangers, l'une de ces personnes
Pose un pied sur la planche, et l'autre en fait autant.
Je m'imagine voir avec Louis le Grand
Philippe Quatre qui s'avance
Dans l'Isle de la Conférence.
Ainsi s'avançoient pas à pas,
Nez à nez nos Aventurières,
Qui toutes deux étant fort fières,
Vers le milieu du pont ne se voulurent pas
L'une à l'autre céder. Elles avoient la gloire
De compter dans leur race (à ce que dit l'Histoire)
L'une certaine Chèvre au mérite sans pair
Que Polyphème fit présent à Gallatée,
Et l'autre la Chèvre Amalthée,
Par qui fut nourri Jupiter.
Faute de reculer, leur chute fut commune ;
Toutes deux tombèrent dans l'eau.
Cet accident n'est pas nouveau
Dans le chemin de la Fortune.

Les Deux Coqs.

Deux Coqs vivoient en paix ; une poule survint,
Et voilà la guerre allumée.
Amour, tu perdis Troye; et c'est de toi que vint
Cette querelle envenimée,
Où du sang des Dieux même on vit le Xante teint.
Longtemps entre nos Coqs le combat se maintint.
Le bruit s'en répandit par tout le voisinage.
La gent qui porte crête au spectacle accourut.
Plus d'une Hélène au beau plumage
Fut le prix du vainqueur ; le vaincu disparut.
Il alla se cacher au fond de sa retraite,
Pleura sa gloire et ses amours,
Ses amours, qu'un rival tout fier de sa défaite
Possédoit à ses yeux. Il voyoit tous les jours
Cet objet rallumer sa haine et son courage.
Il aiguisoit son bec, battoit l'air et ses flancs,
Et s'exerçant contre les vents
S'armoit d'une jalouse rage.
Il n'en eut pas besoin. Son vainqueur sur les toits
S'alla percher, et chanter sa victoire.
Un Vautour entendit sa voix :
Adieu les amours et la gloire.
Tout cet orgueil périt sous l'ongle du Vautour.
Enfin, par un fatal retour,
Son rival autour de la Poule
S'en revint faire le coquet :
Je laisse à penser quel caquet,
Car il eut des femmes en foule.
La Fortune se plait à faire de ces coups ;
Tout vainqueur insolent à sa perte travaille.
Défions-nous du sort, et prenons garde à nous
Après le gain d'une bataille.

Le Paon se plaignant à Junon.

Le Paon se plaignoit à Junon :
Déesse, disoit-il, ce n'est pas sans raison
Que je me plains, que je murmure :
Le chant dont vous m'avez fait don
Déplait à toute la Nature ;
Au lieu qu'un Rossignol, chétive créature,
Forme des sons aussi doux qu'éclatans,
Est lui seul l'honneur du Printemps.
Junon répondit en colère :
Oiseau jaloux, et qui devrois te taire,
Est-ce à toi d'envier la voix du Rossignol,
Toi que l'on voit porter à l'entour de ton col
Un arc-en-ciel nué de cent sortes de soies ;
Qui te parades, qui déploies
Une si riche queue, et qui semble à nos yeux
La Boutique d'un Lapidaire ?
Est-il quelque oiseau sous les Cieux
Plus que toi capable de plaire ?
Tout animal n'a pas toutes propriétés.
Nous vous avons donné diverses qualités :
Les uns ont la grandeur et la force en partage ;
Le Faucon est léger, l'Aigle plein de courage ;
Le Corbeau sert pour le présage,
La Corneille avertit des malheurs à venir ;
Tous sont contents de leur ramage.
Cesse donc de te plaindre, ou bien, pour te punir,
Je t'ôterai ton plumage.

Retrouvez prochainement Pierre Perret
et ces dix Fables en couleurs en cassette vidéo.

Des fables chantées et racontées par un Pierre Perret en pleine forme, au rythme d'un manège fou et multicolore où défilent des personnages nés de l'arc-en-ciel, du rouge pourpre au bleu turquoise, en passant par le jaune d'or...

En vente dans les magasins vidéo au printemps 1992.

Déja parues et pour compléter votre collection, les Fables Géométriques, où de drôles d'animaux naissent de cubes, de cônes et de prismes...

Des spectacles étonnants, animés par ordinateur, hauts en couleurs, aux inventions désopilantes qui, par leur pittoresque et leur insolite, séduisent tous les publics.

Textes
Pierre Perret

Conception et réalisation
des «Fables Géométriques»
Fantôme
Renato
Georges Lacroix

Direction artistique et maquette
Daniel Guerrier
Philippe Ravon
Marilyn Talarn

Design
Christian Hoffmann

Images de synthèse
Gilbert Louet
Franck Parisis, Anne Brotot
Jean-François Schneider, Marc Thonon, Philippe Marty
Claudia Pippi, Michel Maho, Maurice Kufferath
Hélène Gosset, Eric Randall, Marc Peyrucq
Frédéric Durand, Emmanuel Jarry
Sophie Darakjian, Laurent Bodart

Illustrations trait
Jacques Lacroix

Logiciel «Explore» de TDI

Photo de Pierre Perret en couverture
Jean-Louis Bellurget

PAO
Marie Dusseaux
Martine Piotelat

Photogravure
Euresys

Achevé d'imprimer par Maury-Imprimeur S.A. 45330 Malesherbes en novembre 1991
N° d'éditeur : 91156
Dépôt légal : novembre 1991. Imprimé en France.